LA LOI
SUR LE DIVORCE

VOTÉE PAR LE SÉNAT
ET LA CHAMBRE DES DÉPUTÉS

PRÉCÉDÉE

DU RAPPORT FAIT AU NOM DE LA COMMISSION DE LA CHAMBRE DES DÉPUTÉS, CHARGÉE D'EXAMINER LA PROPOSITION DE LOI ADOPTÉE PAR ELLE, ADOPTÉE AVEC MODIFICATIONS PAR LE SÉNAT, ET TENDANT A RÉTABLIR LE DIVORCE

Par Alfred LETELLIER

Député

PARIS

L. LAROSE ET FORCEL

Libraires-Éditeurs

22, RUE SOUFFLOT, 22

1884

LA LOI
SUR LE DIVORCE

VOTÉE PAR LE SÉNAT

ET LA CHAMBRE DES DÉPUTÉS

PRÉCÉDÉE

DU RAPPORT FAIT AU NOM DE LA COMMISSION DE LA CHAMBRE DES DÉPUTÉS, CHARGÉE D'EXAMINER LA PROPOSITION DE LOI ADOPTÉE PAR ELLE, ADOPTÉE AVEC MODIFICATIONS PAR LE SÉNAT, ET TENDANT A RÉTABLIR LE DIVORCE

Par Alfred LETELLIER

Député

PARIS

L. LAROSE ET FORCEL

Libraires-Éditeurs

22, RUE SOUFFLOT, 22

1884

IMPRIMERIE
CONTANT-LAGUERRE
LVX VITAM
BAR-LE-DUC

RAPPORT

FAIT

AU NOM DE LA COMMISSION* DE LA CHAMBRE DES DÉPUTÉS CHARGÉE D'EXAMINER LA PROPOSITION DE LOI, *adoptée par elle, adoptée avec modifications par le Sénat, et tendant à rétablir le* **Divorce**.

MESSIEURS,

Le 19 juin 1882, la Chambre des députés votait en deuxième délibération, à une majorité de 331 suffrages contre 138, la proposition de loi tendant au rétablissement du divorce, dont l'avait saisie notre ancien collègue M. Alfred Naquet, et dont M. de Marcère avait été l'éloquent rapporteur.

A deux ans de là, le 24 juin dernier, le Sénat, appelé à son tour à se prononcer sur cette proposition, acceptait à une majorité de 37 voix le rétablissement du

* Cette Commission était composée de MM. Benjamin Raspail, *président;* baron Demarçay, *secrétaire;* Alfred Letellier, *rapporteur;* Laisant, Fouquet, Saint-Martin (Vaucluse), Fousset, Villain, Bisseuil, Bouchet, Salomon. MM. Bisseuil, Bouchet et Salomon avaient été nommés en remplacement de MM. de Marcère et Naquet, élus sénateurs, et Tiersot, décédé.

divorce. Mais en adoptant le principe de la loi, et, sur le plus grand nombre des points, les textes de la Chambre, il faisait cependant subir à quelques articles des transformations les unes secondaires, les autres d'une réelle importance, qui vous obligent à examiner de nouveau la question.

Votre Commission s'est réunie pour étudier le projet ainsi modifié, et M. de Marcère ainsi que M. Naquet ayant cessé de faire partie de cette Chambre et siégeant maintenant au Luxembourg, c'est à moi qu'elle a confié l'honneur de vous faire connaître ses décisions.

Vous n'attendez pas de moi que je revienne sur les arguments si souvent débattus qui peuvent être fournis pour ou contre l'institution du divorce. Tout a été dit à ce point de vue et mieux que je ne pourrais le faire. Au surplus, après le vote que vous avez émis il y a deux ans et celui que le Sénat vient d'émettre, la question de principe est résolue. Il n'y a plus à y revenir.

Mon rôle est plus modeste : j'essaierai de mettre en lumière les différences qui existent entre le texte du Sénat et celui que vous aviez adopté, et je me bornerai ensuite à vous exposer les raisons qui nous paraissent devoir vous décider à accepter ce nouveau texte, bien que plusieurs des modifications qu'il apporte à votre proposition première vous paraissent fâcheuses.

L'article 231 de la proposition de la Chambre était ainsi conçu :

Art. 231. — Les tribunaux pourront accorder le divorce aux époux qui le demanderont pour excès, sévices et injures graves de l'un envers l'autre, ainsi qu'à raison de la condamnation de l'un d'eux à une peine correctionnelle d'emprisonnement pour vol, escroquerie, abus de confiance, outrage public à la pudeur, excitation de mineurs à la débauche, comme aussi de toutes condamnations à des peines correctionnelles prononcées par les cours d'assises et les conseils de guerre pour les armées de terre et de mer pour crimes, à raison de l'admission de circonstances atténuantes.

L'action en divorce pour cause de condamnation à une peine correctionnelle devra être intentée dans le délai d'un an, qui commencera à courir du jour où la condamnation sera devenue définitive. Le conjoint qui n'aura pas pu avoir connaissance de ladite condamnation, aura également, pour exercer son action, un délai d'un an à partir du jour où il aura cessé de l'ignorer.

Toutefois, dans le cas de condamnation correctionnelle prononcée contre l'un des conjoints antérieurement à la présente loi et non suivie de réhabilitation, le delai d'une année ne courra qu'à partir de la promulgation de cette loi.

Le Sénat a rétabli l'ancien article 231 du Code civil dont les termes sont les suivants :

Art. 231. — Les époux pourront réciproquement demander le divorce pour excès, sévices ou injures graves de l'un d'eux envers l'autre.

Il a donc supprimé la faculté que vous aviez voulu donner aux tribunaux d'accorder le divorce en raison de la condamnation de l'un des époux à des peines correctionnelles entachant en fait l'honneur du condamné.

Nous regrettons cette disposition qui est réclamée depuis bien longtemps par les plus éminents jurisconsultes et que la raison semblait commander. Un homme peut être infâme sans que la peine à laquelle il a été condamné soit légalement infamante, et s'il est vrai qu'aucun supplice n'est comparable, pour une nature élevée, à celui d'être uni à un être dégradé et pervers, le divorce semblait devoir être admis dans ces cas. La solution du Sénat ne nous a cependant pas paru sans remède. Nous demeurons convaincus que, dans l'immense majorité des cas, les tribunaux considéreront l'infamie de fait de l'un des époux comme une injure grave envers l'autre époux et prononceront le divorce. Aussi, n'insisterions-nous pas autrement en faveur de notre rédaction première si nous ne pensions pas que nous devons, dès aujourd'hui, fixer le résultat acquis en adoptant, sans y rien changer, toute la rédaction qui vous est soumise.

La modification apportée à l'article 232 est plus grave. Notre article 232 était conçu dans les termes suivants :

Art. 232. — La condamnation de l'un des époux à une peine infamante autre que le bannissement et la dégradation civique pour cause politique, sera, pour l'autre époux, un cas de divorce.

L'absence déclarée d'un des époux sera pour l'autre époux une cause de divorce.

Le Sénat y a substitué cette rédaction :

Art. 232. — La condamnation de l'un des époux à une peine *afflictive* et infamante sera pour l'autre époux une cause de divorce.

Cet alinéa unique répond à la pensée qui avait dicté le premier alinéa du texte de cette loi élaborée par cette Chambre. En introduisant les mots *afflictive et infamante* au lieu du simple mot *infamante* du Code, on exclut, sans qu'il soit besoin de préciser autrement, le bannissement et la dégradation civique, peines exclusivement politiques, du nombre des causes de divorce.

Mais notre second alinéa introduisait une cause de divorce nouvelle que la logique semblait indiquer : l'absence déclarée. Si cette cause ne figurait pas dans l'ancien Code, c'était par l'unique raison que le titre de l'*absence* n'était ni voté ni présenté, lorsque les pouvoirs publics discutèrent le titre du divorce ; il semblait donc bien naturel de l'y introduire aujourd'hui.

Des scrupules de jurisconsultes s'y sont opposés. Mais cette décision du Sénat n'est pas sans appel. Tel jurisconsulte n'admet pas que l'absence puisse jamais être un cas de divorce, qui admettrait fort bien qu'elle pût justifier dans de certaines conditions la dissolution du mariage et qui ne s'opposerait pas à ce que les articles 139 et 140 du Code civil fussent modifiés dans ce sens. C'est sous cette forme seulement que l'on peut espérer aboutir un jour au résultat que nous avions voulu atteindre directement. Il ne serait donc pas rationnel de retarder d'une minute l'application d'une loi éminemment morale, en vue d'une disposition qui pourra être reprise plus tard avec des chances de succès plus grandes que si nous insistions aujourd'hui. Ici donc encore, et même en dehors du sentiment qui nous porte à ne rien changer au texte du Sénat, nous vous proposerions de passer condamnation.

L'article 233 du Code admettait, — et vous aviez admis, — le consentement mutuel et persévérant des époux comme une cause sérieuse de divorce, dont les articles 275-294 organisaient la procédure. Sur la demande du Gouvernement, le Sénat a repoussé ces divers articles; il a, de plus, comme conséquence, déclaré abrogé l'article 297 qui se référait entièrement au consentement mutuel, et modifié les articles 234, 296, 299, 306 et 307 qui s'y référaient partiellement. Nous croyons que le Gouvernement a été mal inspiré en proposant cette suppression. Notre honorable collègue M. Léon Renault a ici même réfuté, avec éloquence, le préjugé qui s'attache au consentement mutuel. Entouré de toutes les garanties que la loi de 1803 avait édictées, il ne saurait jamais devenir un danger et il pourrait être souvent une sauvegarde de l'honneur des familles. Il permettrait aux époux qui ont des causes particulièrement graves à invoquer, de ne pas les dévoiler publiquement et d'en épargner la honte à des enfants innocents.

L'auteur de la proposition de loi et les membres favorables de la commission sénatoriale n'ont cependant pas insisté pour le maintien du consentement mutuel, parce que le sacrifice qu'on exigeait d'eux était plus théorique que réel. Ces formalités du divorce par consentement mutuel étaient si vexatoires, les charges qu'il imposait aux époux divorcés si lourdes, qu'en fait, dans les pays où le mode de divorce existe tel qu'il avait été réglé par la loi de 1803, on n'en use pas ou presque pas. En Belgique c'est à peine si, sur cent divorces, on en compte deux obtenus par la voie du consentement mutuel. En Roumanie, on n'en compte qu'un sur 200; dans le canton de Genève, il ne paraît pas qu'il s'en soit jamais produit, et il semble que celui de Napoléon Ier et de l'impératrice Joséphine ait été le seul que la statistique ait eu à enregistrer en France de 1803 à 1816.

Ces considérations auraient dû rassurer le Gouvernement et l'empêcher de réclamer la suppression de dispositions inoffensives; mais, dès l'instant où le Gouvernement faisait de cette suppression la condition de l'appui qu'il consentait à prêter aux partisans du divorce, elles devaient naturellement porter ces derniers à accepter la transaction proposée. C'est ce qu'ils ont fait et c'est ce que nous vous proposons de faire comme eux.

Le Sénat a fait subir une correction à l'article 235 du Code civil que vous aviez adopté. Cet article portait :

Art. 235. — Si quelques-uns des faits allégués par l'époux demandeur donnent lieu à une poursuite criminelle de la part du ministère public, l'action en divorce restera suspendue jusqu'après *l'arrêt de la cour d'assises;* alors elle pourra être reprise sans qu'il soit permis d'inférer de l'arrêt aucune fin de non-recevoir ou exception préjudicielle contre l'époux demandeur.

A cette rédaction, le Sénat a substitué la rédaction suivante :

Art. 235. — Si quelques-uns des faits allégués par l'époux demandeur donnent lieu à une poursuite criminelle de la part du ministère public, l'action en divorce restera suspendue jusqu'après *la décision de la juridiction répressive;* alors... (le reste comme au Code civil).

La différence porte, vous le voyez, sur la substitution de ces mots « la décision de la juridiction répressive » aux mots « l'arrêt de la cour d'assises. »

Cette substitution était absolument nécessaire et vous vous y rallierez certainement. Si les termes primitifs du Code étaient maintenus, les peines afflictives et infamantes prononcées soit par des conseils de guerre, soit par des tribunaux maritimes, soit dans celles de nos colonies où le jury n'existe pas, ne pourraient pas devenir des causes de divorce, ce qui n'a certainement jamais été dans l'esprit du législateur de 1803 et ce qui n'est, à coup sûr, pas dans le vôtre.

La modification de l'article 235 en entraîne une, toute de forme, dans l'article 261 sur laquelle nous n'insistons pas.

Nous n'insistons pas davantage sur la réduction à deux mois du délai d'appel que l'article 263 portait à trois mois. Le Sénat a voulu mettre ainsi la procédure du divorce en harmonie avec notre procédure générale, c'est là une décision que la Chambre ne peut qu'approuver.

Nous enregistrons aussi avec un sentiment de satisfaction la modification apportée par le Sénat au texte de l'article 295 adopté par cette Chambre.

Déjà vous aviez modifié l'article 295 du Code civil qui portait interdiction absolue aux époux divorcés de se réunir à nouveau, et vous y avez substitué l'article ci-après :

Art. 295. — Les époux qui divorceront pour quelque cause que ce soit ne pourront plus se réunir, si l'un ou l'autre a, postérieurement au divorce, contracté un nouveau mariage. Au cas de réunion des époux, une nouvelle célébration du mariage sera toujours nécessaire.

Les époux ne pourront adopter de conventions matrimoniales autres que celles qui réglaient ordinairement leur union.

Après la réunion des époux, il ne sera reçu de leur part aucune nouvelle demande de divorce, pour quelque cause que ce soit autre que celle d'une condamnation à une peine infamante prononcée contre l'un d'eux depuis leur réunion.

Le législateur de 1803, voulant empêcher que du mariage et du divorce on ne se fît un jeu, avait décidé qu'en aucun cas on ne pourrait, après un divorce, épouser à nouveau son ancien conjoint.

Vous aviez trouvé qu'il était excessif, alors que nous ne voulions plus de l'indissolubilité absolue du mariage, de prononcer l'irrévocabilité du divorce. Vous n'aviez pas cru, bien au contraire, que la société fût intéressée à empêcher les réunions, malheureusement trop rares, des époux divorcés, et, sauf à éviter par des dispositions précises qu'on ne se servît du divorce comme d'un moyen de changer les conventions matrimoniales, vous aviez permis aux époux divorcés de se réunir si aucun d'eux depuis le divorce n'avait contracté de nouveau mariage. Mais si l'un d'eux avait convolé en secondes noces et que le nouveau mariage eût été dissous, vous aviez pensé qu'il y avait du chef de ce second mariage une rupture si complète, si absolue de l'ancienne union qu'il ne vous avait pas paru possible, dans ce cas, de permettre le retour à cette union première. En vous écartant ainsi du Code, vous aviez non-seulement satisfait à ce qui vous semblait être l'intérêt social, mais vous aviez donné également satisfaction aux catholiques qui, par la bouche d'un éloquent orateur de la chaire chrétienne, et au nom de la réconciliation que leur religion ordonne et que la loi ne saurait rendre impossible sans les atteindre dans leur foi, demandaient la suppression de l'interdiction édictée en l'article 295.

Le Sénat a fait un pas de plus dans la voie où vous étiez entrés. Il a voulu permettre aux époux divorcés de se réunir même au cas où, après le divorce, l'un d'eux, ou tous les deux auraient contracté un second mariage, pourvu que celui-ci ait été dissous autrement que par le divorce. Nous estimons que le Sénat a sagement agi et nous vous engageons à le suivre.

Sur un autre point nous trouvons entre le texte du Sénat et celui qui émanait de vous une différence, différence que nous considérons cette fois comme regrettable. L'article 298 du Code civil portait :

Art. 298. — Dans le cas de divorce admis en justice pour cause d'adultère, l'époux coupable ne pourra jamais se marier avec son complice. La femme adultère sera condamnée par le même jugement, et sur la réquisition du ministère public, à la réclusion dans une maison de correction pour un temps déterminé, qui ne pourra être moindre de trois mois ni excéder deux années.

et les dispositions contenues dans le second alinéa de cet article se retrouvaient dans les articles 308 et 309 relatifs à la séparation de corps.

Art. 308. — La femme contre laquelle la séparation de corps sera prononcée pour cause d'adultère, sera condamnée par le même jugement, et sur la réquisition du ministère public, à la réclusion dans une maison de correction pendant un temps déterminé, qui ne pourra être moindre de trois mois ni excéder deux années.

Art. 309. — Le mari restera le maître d'arrêter l'effet de cette condamnation, en consentant à reprendre sa femme.

Vous aviez supprimé ces trois articles. Vous n'aviez pas voulu faire prononcer une condamnation contre la femme adultère par les tribunaux civils, et rendre cette condamnation obligatoire sur la réquisition du ministère public, alors qu'au point de vue pénal l'adultère de la femme ne peut être poursuivi qu'à la requête du mari.

Vous aviez également considéré la disposition qui s'oppose, après un divorce prononcé pour cause d'adultère, au mariage de l'époux coupable avec son complice, comme n'étant propre qu'à maintenir des situations immorales que la nouvelle loi doit se proposer de faire cesser. Vous n'aviez pas cru que la faculté d'épouser son complice pût jamais sérieusement devenir une incitation à commettre l'adultère. Vous vous étiez même demandé si, bien souvent, cette faculté ne serait pas plutôt un obstacle qu'une facilité donnée aux amours adultérines et vous aviez fait disparaître l'interdiction.

Le Sénat a comme vous supprimé le deuxième alinéa de l'article 298 et les articles 308 et 309 ; pas plus que vous il n'a voulu d'une condamnation et d'une condamnation obligatoire prononcée par le tribunal civil contre la femme adultère. Mais il a maintenu le premier alinéa de l'article 298 portant interdiction à l'époux adultère d'épouser son complice.

Votre Commission n'a pas modifié sur ce point son ancienne manière de voir. Mais elle reconnaît que, dans cette enceinte même, de très bons esprits avaient éprouvé les craintes qui se sont fait jour au Sénat, et elle ne croit pas devoir refuser à l'autre Assemblée une garantie qui, à ses propres yeux, n'apparaît pas comme utile, mais que croient indispensable des partisans, cependant très sincères et très résolus, du divorce.

Dans le projet du Sénat il y a un article 3 qui interdit la reproduction par la presse des débats sur les instances en divorce ou en séparation de corps. Cet article, fort rapproché de celui que nous avait autrefois proposé M. Thirion-Montauban, et qui avait reçu l'agrément de votre Commission, est une des dispositions sénatoriales que nous acceptons sans hésitation et dont nous vous proposons l'adoption.

J'ai fini avec l'examen des textes dans lesquels le Sénat s'est séparé de vous sans que cependant les divergences présentent une gravité considérable.

Il n'en est plus de même de l'article 310. Ici la nouvelle rédaction nous paraît contraire à des principes qui nous sont chers. Pour que nous venions vous en proposer l'adoption, il nous faut le désir que vous partagez tous, de mettre hors de toute atteinte ce qui est déjà acquis par le vote du Sénat, et l'espérance de modifier ultérieurement, sans risques de porter atteinte à l'ensemble de la loi, un article que nous jugeons regrettable.

Voici quels étaient les termes de l'article 310 de 1803.

Art. 310. — Lorsque la séparation de corps prononcée pour toute autre cause que l'adultère de la femme aura duré trois ans, l'époux qui était originairement défendeur, pourra demander le divorce au tribunal, qui l'admettra, si le demandeur originaire, présent ou dûment appelé, ne consent pas immédiatement à faire cesser la séparation.

La Chambre des députés n'avait pas admis cette rédaction. Elle s'était refusée à déclarer pour ainsi dire *forclos* le demandeur qui, dans l'espoir d'une réconciliation rendue possible par cette épreuve, aurait fait prononcer d'abord la séparation de corps au lieu du divorce. Elle avait voulu reconnaître au bout de trois ans au demandeur comme au défendeur la faculté de faire transformer la séparation de corps en divorce et elle avait réglé plusieurs points de procédure relatifs à cette transformation. Voici l'article tel qu'elle l'avait conçu :

Art. 310. — Tout jugement de séparation de corps, devenu

définitif depuis trois ans au moins, sera converti en jugement de divorce sur la demande formée par l'un des époux sans requête, et par assignation à bref délai, en chambre du conseil.

Le jugement qui prononcera le divorce sera rendu en audience publique par le tribunal qui aura prononcé la séparation de corps.

Dans le cas où le jugement de séparation de corps, devenu définitif depuis trois ans au moins, aurait été rendu par une juridiction aujourd'hui supprimée ou par un tribunal situé dans une portion du territoire annexé à la France depuis que ce jugement a été rendu, les époux entre lesquels il sera intervenu pourront, pour en obtenir la conversion en jugement de divorce, s'adresser au tribunal qui serait compétent pour connaître des actions personnelles à introduire contre l'époux défendeur dans la nouvelle instance.

Le Sénat n'a accepté ni cette rédaction ni celle du Code. Il n'a pas voulu que, trois ans après la séparation de corps, le divorce fût prononcé de droit sur la requête de l'un des époux et particulièrement de l'époux défendeur, et il a voté le texte suivant :

Art. 310. — Lorsque la séparation de corps aura duré trois ans, le jugement pourra être converti en jugement de divorce, sur la demande formée par l'un des époux.

Cette nouvelle demande sera introduite par assignation, à huit jours francs, en vertu d'une ordonnance rendue par le président.

Elle sera débattue en chambre du conseil.

L'ordonnance nommera un juge rapporteur, ordonnera la communication au ministère public et fixera le jour de la comparution.

Ce jugement sera rendu en audience publique.

Autant on concevait la transformation de la séparation en divorce sur la seule constatation que la séparation avait duré trois ans, autant on conçoit peu l'action effective des tribunaux en cette matière.

Les causes de séparation de corps et les causes de divorce sont les mêmes. Si l'époux qui a demandé la séparation il y a trois ans, et qui l'a obtenue, avait basé sur les mêmes faits une demande de divorce, il l'aurait donc obtenue également. Comment si, après trois ans, il demande à faire convertir sa séparation en divorce, le tribunal pourrait-il la lui refuser, alors surtout qu'aux faits primitifs est venue s'ajouter une longue période d'épreuves? Évidemment, dans ce cas, les tribunaux accorderont toujours la conversion, et, dès lors, pourquoi leur demander un avis que les circonstances ne leur permettront jamais de refuser.

S'il s'agit du défendeur, on conçoit, au contraire, difficilement sur quoi se fonderont les tribunaux pour accorder la conversion. Le défendeur, en effet, n'a aucun fait à invoquer, puisque c'est contre lui que le divorce a été prononcé.

Et pourtant le Sénat a voulu que le tribunal fût autorisé à juger que, même dans ce cas, il peut y avoir lieu d'accorder la conversion. Il l'a si bien voulu, que c'est sur la faculté accordée au défendeur comme au demandeur d'introduire l'instance à cet effet, qu'est intervenu l'accord entre les adversaires et les partisans de l'article 310. Mais alors, ou la faculté accordée au défendeur équivaudra, d'après la jurisprudence, à une obligation morale de prononcer la transformation de la séparation de corps en divorce sur sa requête, ou elle placera les tribunaux, les faisant sortir de leur rôle, dans la situation d'une espèce de conseil de famille jugeant en équité.

Si l'article 310 du Sénat est difficile à justifier au point de vue strictement juridique, il est tout à fait injustifiable lorsqu'on se rapporte à l'argument qu'ont invoqué ses auteurs. Je dis : *à l'argument,* car ils n'en ont invoqué qu'un. Un époux catholique, a-t-on dit, dont la religion proscrit le divorce, et qui aura à se plaindre de son conjoint, ne pourra plus se séparer de corps s'il sait qu'au bout de trois ans, et sans même que les tribunaux interviennent autrement que pour une simple formalité d'enregistrement, sa séparation pourra malgré lui entraîner le divorce.

Vainement M. Naquet répondait-il que l'époux catholique n'aura qu'à ne pas se remarier pour être en règle, avec sa foi; vainement rappelait-il que l'article 310 existait lorsque le pape Pie VII venait sacrer Napoléon Ier à Notre-Dame; vainement faisait-il remarquer qu'en Belgique jamais les catholiques au pouvoir ne réclamaient contre l'article 310 et que cela prouve surabondamment que leur liberté religieuse n'en est pas atteinte. Les adversaires du divorce n'en persévéraient pas moins à dénoncer l'article 310 comme attentatoire à la liberté de conscience des catholiques, et cet argument avait assez impressionné l'Assemblée du Luxembourg pour que les défenseurs de la loi aient dû souscrire à la transaction que résume la rédaction nouvelle.

En fait, interdire le divorce à l'époux défendeur parce que le demandeur est catholique, ce serait forcer le premier à obéir aux préceptes d'une foi qui peut n'être pas la sienne; ce serait lui imposer, au nom d'une religion à laquelle il peut ne pas croire, une situation que la loi juge antisociale, et qu'elle n'autorise que par respect pour la liberté de ceux qui croient. Ce serait, en un mot, violer tous les principes sur lesquels repose la sécularisation de l'État et mettre le bras séculier entre les mains du catholicisme.

Si, comme le lui demandait d'abord M. Jules Simon et comme M. Lucien Brun le lui a demandé jusqu'à la fin, le Sénat était allé jusque-là, quelle que fût votre bonne volonté de doter au plus tôt le pays d'une loi attendue et dont la préparation a déjà trop duré, nous aurions été forcés de vous proposer de rétablir l'ancien texte voté par vous.

Mais la transaction intervenue vous donne une demi-satisfaction. Le défendeur pourra demander au tribunal de transformer sa séparation en divorce sans qu'il soit dit qu'il sera tenu pour l'obtenir d'apporter des faits nouveaux. C'est une espèce de conseil officieux que la loi institue, et il dépendra de la jurisprudence de corriger ce que le nouvel article 310 a de mauvais. Les tribunaux n'auront pour cela qu'à se montrer très larges dans l'usage du droit de conversion que la loi leur confère. Votre Commission espère qu'il en sera ainsi et c'est une des raisons qui la porte, malgré les objections sérieuses qu'elle y voit et qu'elle vient de vous exposer sincèrement, à vous proposer de donner votre adhésion même au nouvel article 310.

A fortiori en sera-t-il de même de l'article transitoire?

Cet article ne distingue pas entre les séparations de corps prononcées antérieurement à la présente loi et celles qui le seront par la suite. Pour les unes comme pour les autres, il exige que trois ans se soient écoulés entre l'époque où le jugement qui les a prononcées a été rendu et le moment de leur conversion possible en divorce. Il n'y a, en effet, ici aucune raison sérieuse pour établir une distinction, et étant donné que nous ne faisons pas opposition à l'article 310, nous ne pouvons que vous proposer également l'adoption de l'article transitoire.

MESSIEURS,

J'ai fini l'exposé que je voulais vous faire, au nom de la Commission de la loi du divorce, des divergences survenues entre la Chambre et le Sénat à propos de cette loi. La proposition telle qu'elle nous revient du Luxembourg ne répond certainement pas, vous le voyez, à toutes nos espérances. Elle renferme des lacunes fâcheuses et quelques dispositions regrettables que nous vous avons signalées.

Mais telle qu'elle est, elle réalise un progrès immense sur la situation actuelle. Nous la considérons comme une étape de plus de franchie sur la voie de la laïcisation de l'État. Elle va affranchir grand nombre de malheureuses victimes de mauvais mariages. Elle enrichira l'État d'une foule de familles légitimes dont, jusqu'à ce jour, il s'appauvrissait volontairement. Ces bienfaits sont tels que nous serions coupables d'en retarder l'application en vue de quelques améliorations de détail.

D'ailleurs, la loi du divorce ne sera pas une constitution. Elle sera toujours facilement revisable si, à l'user, on en reconnaît les imperfections. Seulement, alors, le principe sera incontesté, et les modifications qu'on aura à lui faire subir n'entraîneront ni difficultés, ni lenteurs.

Votre Commission pense donc qu'il est temps de mettre un terme à une élaboration qui dure depuis huit ans, et elle vous propose de voter sans y toucher, et quelles que puissent être pour l'avenir les réserves de chacun de nous, la proposition de loi telle que le Sénat nous l'a renvoyée.

PROPOSITION DE LOI.

Article premier.

La loi du 8 mai 1816 est abrogée.

Les dispositions du Code civil abrogées par cette loi sont rétablies, à l'exception de celles qui sont relatives au divorce par consentement mutuel, et avec les modifications suivantes, apportées aux articles 230, 232, 234, 235, 261, 263, 295, 296, 298, 299, 306, 307 et 310.

Art. 230. — La femme pourra demander le divorce pour cause d'adultère de son mari.

Art. 232. — La condamnation de l'un des époux à une peine afflictive et infamante sera pour l'autre époux une cause de divorce.

CHAPITRE II.

De la procédure du Divorce.

SECTION PREMIÈRE.

Des formes du divorce.

Art. 234. — La demande en divorce ne pourra être formée qu'au tribunal de l'arrondissement dans lequel les époux auront leur domicile.

Art. 235. — Si quelques-uns des faits allégués par l'époux demandeur donnent lieu à une poursuite criminelle de la part du ministère public, l'action en divorce restera suspendue jusqu'après la décision de la juridiction répressive : alors elle pourra être reprise sans qu'il soit permis d'inférer de cette décision aucune fin de non-recevoir ou exception préjudicielle contre l'époux demandeur.

Art. 261. — Lorsque le divorce sera demandé par la raison qu'un des époux est condamné à une peine afflictive et infamante, les seules formalités à observer consisteront à présenter au tribunal de première instance une expédition en bonne forme de la décision portant condamnation, avec un certificat du greffier constatant que cette décision n'est plus susceptible d'être réformée par les voies légales ordinaires. Le certificat du greffier devra être visé par le procureur général ou par le procureur de la République.

Art. 263. — L'appel ne sera recevable qu'autant qu'il aura été interjeté dans les deux mois à compter du jour de la signification du jugement rendu contradictoirement ou par défaut. Le délai pour se pourvoir à la Cour de cassation contre un jugement en dernier ressort sera aussi de deux mois à compter de la signification. Le pourvoi sera suspensif.

SECTION II.

Des mesures provisoires auxquelles peut donner lieu la demande en divorce.

Art. 277. — L'administration provisoire des enfants restera au mari demandeur ou défendeur en divorce, à moins qu'il n'en soit autrement ordonné par le tribunal, sur la demande soit de la mère, soit de la famille, ou du ministère public, pour le plus grand avantage des enfants.

Art. 268. — La femme demanderesse ou défenderesse en divorce pourra quitter le domicile du mari pendant la poursuite, et demander une pension alimentaire proportionnée aux facultés du mari. Le tribunal indiquera la maison dans laquelle la femme sera tenue de résider, et fixera, s'il y a lieu, la provision alimentaire que le mari sera obligé de lui payer.

Art. 269. — La femme sera tenue de justifier de sa résidence dans la maison indiquée, toutes les fois qu'elle en sera requise; à défaut de cette justification, le mari pourra refuser la provision alimentaire et, si la femme est demanderesse en divorce, la faire déclarer non recevable à continuer ses poursuites.

Art. 270. — La femme commune en biens, demanderesse ou défenderesse en divorce, pourra, en tout état de cause, à partir de la date de l'ordonnance dont il est fait mention en l'article 238, requérir pour la conservation de ses droits l'apposition des scellés sur les effets mobiliers de la communauté. Ces scellés ne seront levés qu'en faisant inventaire avec prisée, et à la charge par le mari de représenter les choses inventoriées ou de répondre de leur valeur comme gardien judiciaire.

Art. 271. — Toute obligation contractée par le mari à la charge de la communauté, toute aliénation par lui faite des immeubles qui en dépendent, postérieurement à la date de l'ordonnance dont il est fait mention en l'article 238, sera déclarée nulle, s'il est prouvé, d'ailleurs, qu'elle ait été faite ou contractée en fraude des droits de la femme.

SECTION III.

Des fins de non-recevoir contre l'action en divorce.

Art. 272. — L'action en divorce sera éteinte par la réconciliation des époux, survenue soit depuis les faits qui auraient pu autoriser cette action, soit depuis la demande en divorce.

Art. 273. — Dans l'un et l'autre cas, le demandeur sera déclaré non recevable dans son action; il pourra néanmoins en intenter une nouvelle pour cause survenue depuis la réconciliation, et alors faire usage des anciennes causes pour appuyer sa nouvelle demande.

Art. 274. — Si le demandeur en divorce nie qu'il y ait eu réconciliation, le défendeur en fera la preuve, soit par écrit, soit par témoins, dans la forme prescrite en la 1re section du présent chapitre.

CHAPITRE III.

Des effets du divorce.

Art. 295. — Les époux divorcés ne pourront plus se réunir, si l'un ou l'autre a, postérieurement au divorce, contracté un nouveau mariage suivi d'un second divorce. Au cas de réunion des époux, une nouvelle célébration du mariage sera nécessaire.

Les époux ne pourront adopter un régime matrimonial autre que celui qui réglait originairement leur union.

Après la réunion des époux, il ne sera reçu de leur part aucune nouvelle demande de divorce, pour quelque cause que ce soit, autre que celle d'une condamnation à une peine afflictive ou infamante prononcée contre l'un d'eux depuis leur réunion.

Art. 296. — La femme divorcée ne pourra se remarier que dix mois après que le divorce sera devenu définitif.

Art. 298. — Dans le cas de divorce admis en justice pour cause d'adultère, l'époux coupable ne pourra jamais se marier avec son complice.

Art. 299. — L'époux contre lequel le divorce aura été prononcé perdra tous les avantages que l'autre époux lui avait faits, soit par contrat de mariage, soit depuis le mariage.

CHAPITRE IV.

De la séparation de corps.

Art. 306. — Dans le cas où il y a lieu à demande en divorce, il sera libre aux époux de former une demande en séparation de corps.

Art. 307. — Elle sera intentée, instruite et jugée de la même manière que toute autre action civile.

Art. 310. — Lorsque la séparation de corps aura duré trois ans, le jugement pourra être converti en jugement de divorce sur la demande formée par l'un des époux.

Cette nouvelle demande sera introduite par assignation, à huit jours francs, en vertu d'une ordonnance rendue par le Président.

Elle sera débattue en chambre du conseil.

L'ordonnance nommera un juge rapporteur, ordonnera la communication au ministère public et fixera le jour de la comparution.

Le jugement sera rendu en audience publique.

Sont abrogés les articles 233, 275 à 294, 297, 305, 308 et 309 du Code civil.

Art. 2.

Le paragraphe ajouté à l'article 312 du Code civil par la loi du 6 décembre 1850 est modifié comme il suit :

« En cas de jugement ou même de demande soit de divorce, soit de séparation de corps, le mari pourra désavouer l'enfant qui sera né trois cents jours après la décision qui aura autorisé la femme à avoir un domicile séparé, et moins de cent quatre-vingts jours depuis le rejet définitif de la demande, ou depuis la réconciliation. L'action en désaveu ne sera pas admise s'il y a eu réunion de fait entre les époux. »

ART. 3.

La reproduction des débats sur les instances en divorce ou en séparation de corps est interdite sous peine de l'amende de 100 à 2,000 francs édictée par l'article 39 de la loi du 30 juillet 1881.

ART. 4.

(*Disposition transitoire*).

Les instances en séparation de corps pendantes au moment de la promulgation de la présente loi pourront être converties par les demandeurs en instance de divorce. Cette conversion pourra être demandée même en Cour d'appel.

La procédure spéciale au divorce sera suivie à partir du dernier acte valable de la procédure en séparation de corps.

Pourront être convertis en jugements de divorce, comme il est dit à l'article 310, tous jugements de séparation de corps devenus définitifs avant ladite promulgation.

ART. 5.

La présente loi est applicable à l'Algérie et aux colonies de la Martinique, de la Guadeloupe et de la Réunion.

BAR-LE-DUC, IMPRIMERIE CONTANT-LAGUERRE.

www.ingramcontent.com/pod-product-compliance
Ingram Content Group UK Ltd.
Pitfield, Milton Keynes, MK11 3LW, UK
UKHW020446220726
13923UKWH00005B/2372